Agnes Maier
Veni, Vidi, Vulva!

Veni, Vidi, Vulva!

Slamtexte aus dem Leben einer Hebamme

Agnes Maier

Erste Auflage 2018

Alle Rechte vorbehalten
Copyright 2018 by

Lektora GmbH
Schildern 17–19
33098 Paderborn
Tel.: 05251 6886809
Fax: 05251 6886815
www.lektora.de

Druck: MCP, Marki
Covermotiv & Illustration: Lena Personn, https://lena.personn.com
Covermontage: Olivier Kleine, www.olivierkleine.de
Lektorat: Lektora GmbH, Denise Bretz
Layout Inhalt: Lektora GmbH, Denise Bretz
Printed in Poland

ISBN: 978-3-95461-127-0

Inhalt

Anfangen.

#hollywoodstreifen

Ich sitz so da und starr auf die Bilder,
seh mir fremde Leben an.
Verdrehte Geschichten, perfekte Gesichter,
und frag mich, ob man so leben kann:

Geschichten, die das Leben nicht schreibt,
Gefühle, die kein Mensch jemals zeigt,
Zufälle, die es nicht gibt.
Mann, die sind so verliebt ...

Wir wissen, so spielt das Leben nicht,
aber dennoch – oder gerade deshalb –
wollen wir es sehen,
und wenn die Schmach am größten ist,
noch am Regler dreh'n!

Stellt es lauter!
Dreht den Sound auf!
Diesen Kitsch will ich auch!
Die dort am Bildschirm, das Fabelwesen,
hat alles, was ich brauch.

Alles, alles …
Perfekte Lippen, perfekte Pläne,
perfekte Brüste, perfekte Probleme,
perfekte Tränen, das Make-up hält,
perfekte Makel, das Unglück gefällt.

Ich sitz so da und starr auf die Bilder
und da ist ein Eindruck, der bleibt:
Vielleicht wär's auch mal sehr viel leichter,
wenn ein anderer mein Leben schreibt.

Denn ich will nicht mehr denken,
nichts mehr entscheiden,
will nur noch an imaginären Problemen leiden.
Ich will nicht mehr kämpfen, nicht mehr funktionieren,
dort auf der Leinwand hätt ich nichts zu verlieren.

Dort wär ich endlich Hauptperson,
einfach weil's im Drehbuch steht.
Bis jetzt bin ich mehr so die Urlaubsvertretung,
vor allem wenn's um was geht.

Komm nicht recht raus aus dem Schatten,
bin Nebendarsteller
– aber nicht so ein stabiler,
der kleine Höhen und Tiefen erlebt,
da 'ne Szene, dort ein Drama,
doch immer zurückfindet auf seinen Weg …

Ich bin mehr so der Chaostyp,
verlassen von Moral und Sitte,
nicht so recht im Mittelpunkt,
aber erst recht nicht in der eigenen Mitte.

Stoff für 'ne eigene Sendung wär ja da,
nur keine Nutzung des Kapitals.
Der Star
bin ich nur in den richtig schlechten Episoden.

Da wär's doch einmal wirklich nett, zu wissen,
dass es werden kann.
Irgendwo im zweiten Drittel
fängt mein Happy End dann an.
Bis dahin will ich so viele lästige Dinge
endlich einfach lassen
und nur noch solche Szenen spielen,
die zur Geschichte passen.

Zum Beispiel: Nur mehr zur Toilette müssen,
wenn's wichtig für die Handlung ist,
meine Beine epilieren hätt ich auch noch nie vermisst.
Stattdessen will ich ab sofort nur noch
mit interessanten Leuten sprechen
und ich will mindestens und heute noch
tausend Regeln brechen
und wissen: Ja, das klärt sich schon,
denn für das Ende muss die Welt ja wieder stimmen,
und deshalb wird mir mit der Zeit
einfach jeder Scheiß gelingen ...

Zu melancholisch-stimmungsschwangerer Musik
werd ich dann die Erleuchtung haben
und was ich will von meinem Leben,
muss ich mich endlich nicht mehr fragen.

Und ich würd so gern mal wissen, wie das ist,
zu wissen, was man will.
Zu wissen, dass man fühlen kann,
und die Liebe ist kein Spiel.

Und ich würd so gern mal wissen, wie sich das anfühlt,
zu wissen, was man fühlt.
Aber nicht mal das weiß ich sicher,
weil's eben viel bequemer scheint,
sich einfach nie sicher zu sein.

Und ich würd so gern mal in Zeitlupe tanzen,
ausgelassen, so voll und im Ganzen,
fliegen, abgehoben schweben.
Und ich würd so gern mal in Zeitlupe leben.
Und im Zeitraffer Lästigkeiten überspringen,
einfach vorspulen zu den interessanten Dingen ...

Zu:
Herzschmerz, nacktem Liebesdrama,
klar, jetzt fängt's zu regnen an.
Weil ich dich so durchnässt und glitschig
noch viel besser küssen kann!

Denn erst wenn alles glatt gelaufen
und dann wieder zerbrochen ist
und ich dich schließlich küss im Regen,
hält die Liebe ewiglich!

Und natürlich bist du schön
und ich bin engelsgleich,
ernähren uns vom Lieferservice
und natürlich sind wir reich.

Oder arm und dabei trotzdem
stilvoll, makellos, fantastisch,
topgestylt und durchtrainiert ...
die »arme Oberschicht«, ganz klassisch.

Und unsere stilvollen Gespräche!
Voll rhetorischer Raffinesse,
voll Esprit und Charme und Witz.
Du der Macho, ich ganz kess
und ...

Fühlst du's schon?
Die Seifenblase, dieses pralle, runde Ding
– bling, mit einer Fingerspitze ist die Illusion dahin.
Und ich bin zurück in meinem Leben,
in der Wirklichkeit,
und von hier zu ideal
ist es wirklich noch recht weit.

Doch sie würden mir nicht passen,
diese 0815-Enden,
dafür hab ich viel zu viel
Eigenheit an meinen Wänden!
Und ich will ja gar kein Ende,
hab das Leben noch nicht satt.
Jede Szene will ich leben, die das Leben für mich hat.

Hier liest Agnes persönlich dir den Text vor:
tinyurl.com/hollywoodstreifen

#stoßstange

Manchmal denk ich mir so,
würd ich heute über die Straße gehen
und ein Auto würde kommen
und nicht mehr rechtzeitig stehen,
hätte ich, nur so gefühlt, die meiste Zeit
auf dieser Welt damit verbracht,
das Leben als mühsam und hassenswert zu empfinden,
mich zu ärgern und durch lästige Dinge zu winden.

Und das macht mich traurig,
nicht nur weil ich immer noch auf was warte,
sondern auch weil ich mehrmals täglich die Straße
überquere und Wahrscheinlichkeitsrechnung
in der Schule hatte.

Und mir das vor Augen zu führen,
veranlasst mich beizeiten dazu,
nach Hause zu gehen und zu beschließen,
dass sich was ändern muss.

Und der Entschluss ist gefasst
und ich bin voller Zuversicht
und dann meldet mein Terminplaner sich
und sagt: »Hey du! Dafür hast du keine Zeit!«

Und dann fällt mir wieder ein,
dass ich schon Pläne machen könnte,
doch dass die Zeit, die ich mir nehme,
woanders dann fehlen würde.
Und dass die fehlende Zeit die unvermeidbaren Dinge
nur noch mühseliger machen wird.

Das wiederum führt mich gewöhnlich
an einen Punkt meiner Überlegungen,
an dem ich irgendwie alles hinschmeißen möchte.
Eigentlich bin ich ja stark, doch manchmal,
da vergess ich das.
Und dann fühl ich mich klein und elend,
unzulänglich, so wie damals.
Doch selbst damals wusst ich sicher,
dass ich alles schaffen kann,
und was ich mach mit meinem Leben,
geht doch niemanden was an!

Die Leute, die über mich redeten,
hab ich zum Schweigen gebracht,
indem ich erzählte, was ich leiste:
»Seht her, DAS hab ich geschafft!«
Und dass ich mich quäle und keinen Ausweg seh
und dass ich hetze wie die Blöde, das beeindruckt sie.

Ich frag mich nur ...
Wie viel kann ich leisten und was kann ich sein?
Und wenn ich nichts mehr leisten kann
– wo pass ich dann noch rein?

Ich fühl mich wie tanzender Regen
auf einem Meer aus Einheitsbrei.
Nichts kann es trüben
und auch mein Lied geht vorbei.

Und was wird bleiben,
wenn wir alle nur noch Size Zero tragen?
Und wer wird dann noch
nach den großen und den kleinen Helden fragen?

Wo haben dann noch große Herzen Platz
und wer wird mir seins geben,
wenn wir nur verbogen und zurechtgemacht
in uns'ren leeren Hüllen leben,
in unseren vollgestopften Häusern?

Freudloser Langeweilvertreib in HD
und übersättigten Farben,
überteuerter Müll –
ich will nichts davon haben!

Ich will voller Fehler
und sicher nicht aus Plastik sein
und was mal aus mir werden soll,
fällt mir vielleicht niemals ein.
Reicht es denn nicht, ich zu bleiben?

Und wir schreien nach Toleranz,
aber akzeptieren zu wenig.
Und »anders« ist in unseren Köpfen immer noch
gefährlich – seien wir uns ehrlich!

Und deshalb nehm ich dann und wann
meine Beine in die Hand,
steck sie mir hinter die Ohren,
wenn ich mich unflexibel fand.

Na und?
Die schiefen Blicke bin ich langsam wirklich leid!
Die Welt strebt mit exzessivem Erdölverbrauch
doch auch nur nach – was?
Geschmeidigkeit?

Und mir fällt auf,
dass ich viel zu selten versonnen lächeln muss,
viel zu selten niesen wegen eines Sonnenkuss'.
Und wie kann's sein, dass mich jetzt schon
nichts mehr recht berühren kann?
Außer Lieder der Vergangenheit,
Gerüche, dann und wann,
die mich erinnern an 'ne Zeit,
in der ich mal zerbrechlich war.

Zerbrochen wie der Krug, den ich im Theater sah.
Das ist vorbei – ich hab mir ein Cape zugelegt,
ein Leben erschaffen und keine Ahnung, was mich trägt.

Vielleicht auch pathologisch,
sich von Romantik abzuneigen,
dauerhaft an einer amourösen Grundverstimmung leiden.
Weil ich mich um so Liebeszeugs
nicht auch noch ernsthaft kümmern kann.

Ich fühl nichts, brauch nichts, danke,
steh ganz gut selber meinen Mann!
Und das Auto soll ruhig kommen,
wenn es glaubt, es kann mich kriegen,
für keine Stoßstange dieser Erde
werd ich mich jemals noch verbiegen.[1]

Und an jedem meiner Tage
rette ich 'ne kleine Welt.
Und wenn das kleine Händchen
dann so meine Finger hält
und wir über die Straße gehen ...
Vielleicht wird es mich erwischen,
aber dir wird nichts geschehen!

---

1 Also Stoßstange soll in dem Fall eine Metapher für »Penis« sein,
falls das nicht klar war.

Weitermachen.

#dieda!

Die da!, das bin dann wohl ich. Und dieser Text ist eine Lie-beserklärung an meine Tochter Selina, die 2008 zur Welt kam. Zwei Monate vor meinem eigenen 16. Geburtstag.

Wahrscheinlich deshalb beginnt dieser Herzenstext mit einem kurzen Dialog zwischen zwei Menschen, die ich je-denfalls nicht kenne.

Dialog zwischen zwei Menschen, die ich jedenfalls nicht kenne:

Hast du die da gesehen?

Die mit dem Kind?

Ja, genau die! Meinst du, das war ihr's? Mann, sah die jung aus! Oder? Wie alt konnte die sein?

Nicht sehr alt …

Na ja … Vielleicht war's ja nur die große Schwester.

Ja woll'n wir's für das Kind hoffen!

Ich sag ja immer, lass sie reden!
Und *lass sie reden* ist nicht leicht,
denn versuch mal, nicht zu schreien,
wenn dich der Dolch von hinten beißt!

Wenn Leute, die du gar nicht kennst,
mit Nettigkeiten um sich schmeißen
und sich über dein Belangen
fürchterlichst das Maul zerreißen.

Guten Abend! Ich bin *die da*!
Das schlechte Beispiel in Aufklärungsansprachen,
ein Grund, den Kopf zu schütteln
an weniger spannenden Tagen.
Ja genau, was fällt mir ein?
Wie könnt' man auch in jungen Jahren
eine gute Mutter sein?

Wenn Menschen, die dich gar nicht kennen,
eine Meinung zu dir haben,
diesen Menschen will ich sagen:
Redet nur, ich kann's ertragen,
kotzt euch aus, ich hör nicht hin
und will nur leise für euch hoffen,
dass ich eure größte Sorge bin.

Denn dann, ihr lustigen Gestalten,
seid ihr glücklich, wirklich wahr!
Nur dass bisher halt noch keiner
von euch Toren das so sah.

Denn ich wünschte, ich könnt sagen,
dass alles, was mir Sorgen macht,
ist, dass ICH 'ne Tochter habe,
die jeden Abend für mich lacht.

Mit der ich Schmetterlingsbussis
und Schokoküsse tausche,
über Almwiesen und Achterbahnen rausche,
mit der ich Wasserbomben schmeiße
und ihr in den Popo kneife.
Wir feiern Kuschelpartys und Kitzelfeten,
üben, Plastilin zu kneten.

Wir flüstern uns beim Spielen die richtigen Karten ein,
damit wir beide gewinnen,
und führen dann Siegertänze auf.
Und wenn die Welt gemein zu mir war, sagt sie mir,
dass sie Unrecht hat, und streckt ihr die Zunge heraus.
Und in dem Fall erlaub ich das!
Und streiten nur noch,
wer von beiden die andere jetzt lieber hat.

Wir lachen über Käsefüße.
Und versucht mal, nicht zu lachen,
wenn so 'ne kleine Zwergin vor euch steht und so macht:
(einen Fuß hochhaltend und mit krauser Nase)
»Käääsefüßeee!« ruft und sich dabei den Arsch ablacht.

Die sagt:
»Mami, lass sie reden, weil es keine Rolle spielt!
Weil das ihre Sorgen sind und mir mit dir gar nichts fehlt.
Mami, ich hab nachgedacht
– die sind nur neidisch, weil wir lachen
und sie sich selber immer noch
nur über and're Sorgen machen,
anstatt es selber anzupacken
und mal selber was zu schaffen!«

Dieses Kind sagt so unendlich kluge Dinge
und dann denk ich immer an die Sache
mit den Schmetterlingen, diese Sache,
dass ein Flügelschlag die Welt verändern kann,
denn mit deinem kleinen Flattern
fing meine Welt zu leuchten an!

Du bist ungeplant wünschenswert,
überraschend einzigartig
– noch viel einzigartiger als der Rest der Welt!
Du bist so kuschlig, bist das, was mich zusammenhält.

Du bist fantastisch, wunderprächtig, zauberschön
– ein kleiner Star.
Wollen wir's für *die da* hoffen,
dass das ihre Tochter war!

Und die Leute sagen,
mit einem Kind wird alles schwerer.
Und damit haben sie schon Recht.
Aber nichts von ihrer Wahrheit ist in meinen Augen echt.

Zwischen klebrigen Händen und nassen Betten,
zwischen Schokoküssen und Schokoflecken,
zwischen Puzzleteilen und Wäschebergen
begegne ich Monstern und Spielzeugzwergen,
stoß ich auf Grenzen und grenzenlose Liebe.
Und lerne, was im Leben alles geht
– wenn man nur will.

Ich seh etwas, was ihr nicht seht:
Ich seh ein schillerndes Wir, ich seh ein glückliches Los!
Du bist ich in klein, wir sind Liebe in groß.
Und ich stehe hier mit Andacht,
sag mit allem, was ich bin:
Ohne dich wird's auch nicht leichter,
es macht nur viel weniger Sinn!

Hier liest Agnes persönlich dir den Text vor:
tinyurl.com/die-da-am

#früherwarallesvielbesser

Also früher – früher, also damals,
damals, also dann,
nicht mehr jetzt, sondern gestern.

Der Tag, von dem die Leute sagen,
dass die Welt in Ordnung war,
als Frauen Rosenblüten kackten
und auch sonst kein Scheiß geschah.

Da! Genau da
– in diesen nostalgischen Tagtraumlügen –
will ich mir den Arsch wundliegen!
An jedem gottverdammten Tag,
an dem's im Jetzt beschissen läuft,
bin ich der versiffte Alte, der am Tresen Whiskey säuft
und der Frau hinter der Bar in die Busenfalte lallt,
dass früher alles besser war.

Da! Genau da!
Denn früher ...

Früher war alles viel besser – irgendwie anders,
irgendwie so, wie's eigentlich nie war,
doch weil's ja eh nie wiederkommt,
war irgendwie doch alles da.

Alles, was dazugehörte zum einwandfreien Glücklichsein,
zum ganz normalen Friede-Freude-Eierkuchen-Sonnenschein.
Als Kinder noch auf Bäume stiegen
und wussten, wie man Uno spielt
und ohne »ärgerliche Vögel«
auf gemeine Schweine zielt.

Als Informatik noch ein Schulfach war,
wo's nichts galt, als Geduld zu wahren,
weil die erste halbe Stunde draus bestand,
den Computer hochzufahren!

Früher war'n wir Abenteurer
– wann geht das Licht im Kühlschrank aus?
Und ohne Apple-Routenplaner
fanden wir das Nachbarshaus.

Wir haben schamesrote Bäckchen tragend
in unser'm Bravo-Heft gelesen,
damals, als im Kino noch nicht nur
jugendfreie Pornos liefen.

Neulich kam mein 12-jähriger Bruder aus dem Kino zurück,
so: »Boah Alter, war das ein fett krass geiler Film, der Alte
hat nur geflucht und jedes dritte Wort war ficken, höhö.«

Höhö-hör mir doch auf!
Das kann's ja wohl nicht geben!
Kinder, die nichts Längeres
als rechtschreibschwache Textnachrichten lesen
auf smarten Telefonen,
die Grips und graue Zellen fressen,
weil wer Siri fragen kann, braucht ja nichts zu wissen!

In jugendlichen Hohlraumhirnen
scheint kollektive Wissensflaute:
Hashtag – was ist eine Raute? (#wasisteineRaute?)
Und früher war alles ganz anders
– irgendwie besser, irgendwie so, wie's eigentlich nie war.
Und ich weiß schon:
Dass alles ganz toll war, ist eigentlich nicht wahr.

ABER
Ich weiß, wie man Uno spielt,
und kann über Kafka reden,
ich zieh mir meine Hose hoch
und spucke nicht vor Döner-Läden.

Ich glaub fest daran,
dass Wissen eine Waffe ist
und dass es kinderfeindlich ist,
wenn man nur Verbote liest.

Auf Bäume klettern verboten, Eltern haften für ihre Kinder!
Gratis Luftpolsterfolie zur sicheren Verwahrung Ihres Kindes
hier erhältlich.

Dass man von Bäumen fallen kann,
scheint heute so viel mehr zu zählen
als die Tatsache, dass Kinder nun mal
gern wie Kinder leben.

Wenn man sie beachtet
und nicht hinter Tablets parkt
und sie mit teurem Scheiß zumüllt,
bis nur noch der Schopf rausragt.

Ja, auch ich hab längst verlernt,
ohne Smartphone zu überleben,
kann dir auch nichts Besseres mehr geben
als ein Like mit Zwinkersmileygesicht.[2]

Außerhalb der Billa-Werbung scheint
von Verstand nicht viel geblieben.
Und ja: Meine Referate hat auch schon
Wikipedia geschrieben.

Aber früher war's irgendwie anders,
da trug die Scheiße ein and'res Gewand,
als ob sie damals wie du und ich
noch Kleider in der Kinderabteilung fand.

Wo sind die guten alten Tage,
als Mama meinen Schlaf bewachte?
Heute bin ich ausgebrannt
– das ging viel schneller, als ich dachte!

---

2 Mach ich total oft im echten Leben ... oder auch nicht.

Heute bin ich groß, das wollt ich immer sein,
warum ich das so wollte, fällt mir heute nicht mehr ein.
Denn das Hier und Jetzt,
gerade da, wo wir jetzt stehen,
hat von da hinten, so von weitem,
auch noch besser ausgesehen!

Und früher, da war alles besser,
weil die Zeit den Frust vertreibt,
die Erinnerung verzerrt, bis nur das Gute übrigbleibt,
das viel größer wirkt als damals
und viel heller und viel besser.

Die Welt dreht sich nun mal weiter,
doch in den Köpfen sind wir starr.
Und weil wir Sicherheiten brauchen,
wollen wir's, wie's früher war.
Wir wollen die Welt, die wir kannten,
weil sie einmal uns gehörte.

Heute springen nackte Frauen aus 'ner übergroßen Torte.
Und man kann nur leise hoffe,
dass sie die Torte selber essen
und aufhören, ihre Taillen
mit DIN-A4-Format zu messen.

Und man kann nur leise hoffen,
dass die Welt die Kurve kriegt
und dass die Lösung nicht im Gestern,
sondern in der Zukunft liegt.

Denn eines liegt trotz allem
ganz eindeutig auf der Hand,
nämlich dass ich's ja in Wahrheit
auch schon damals scheiße fand!

Und vielleicht möchte man jetzt sagen:
Sie ist zu jung, um die Welt schon so zu sehen!
Doch die Geschichte von den Türen,
die mir noch alle offenstehen,
ist so wahr wie das Märchen vom bösen Wolf im Wald.
Und meine Kindheit heißt Selina
und ist jetzt neun Jahre alt.

Und braucht ein Bett und was zu essen
und ein liebevolles Heim
und da sind die alten Tage
längst vergessen und vorbei.

Da ist nichts mehr, wie's mal war,
da klopft das Leben an die Tür und sagt:
»Du hattest deinen Spaß. Jetzt schuftest du dafür!
Jetzt lernen wir uns endlich kennen,
nimm die rosa Brille runter,
wenn du nicht die Fäuste ballst,
gehst du mit deiner Tochter unter!«

Und das ist der Moment,
in dem du auf den Boden fällst,
und deine Zukunft ist besiegelt,
egal, welche Tür du wählst.

Und ich kämpfe, ist schon klar,
so leicht geb ich nicht auf,
aber manchmal, nur ganz kurz,
geht die Geschichte anders aus.

Da sitzt der Mann mit seinem Whiskey
noch immer schwankend an der Bar
und am Boden seiner Flasche
besteht die Welt, die einmal war.

Mit auftoupiertem Haar
lacht sie ihm nüchtern ins Gesicht
und sagt: »Mein lieber Alter, ich habe heute
leider kein Foto für dich!«

Der Alte lächelt knapp und nickt,
liegt am Morgen unterm Tresen
und wie Heidi sagen würde:
»Das war's dann wohl – gewesen!«

Hier liest dir Agnes persönlich den Text vor:
tinyurl.com/frueher-alles-besser

#odeandieputzfrau

Erschöpft von einem langen Arbeitstag
öffne ich die Wohnungstür
– das Tor zu meinen Freuden! –,
denn wo noch gestern Unrat lag,
seh ich heute: Du warst hier.

Seh ich Bettlaken,
die sich formvollendet stapeln,
erblicke staubbefreite Fenstersimse
und glänzendes Granit.

Seh mit verzückter Augenlinse,
wie sich Sauberkeit vollzieht,
und denke *hmm* ...

Wie oft hat Mama früher
ihre Stimmritze verengt,
mich mit erhob'ner Kehrrichtschaufel
zu Aufräumarbeiten gedrängt.

»Ich sag dir eins, du wirst's mir danken!
Du musst doch wissen, wie das geht!
Wer soll das später für dich machen?«,
hat sie mir ins Ohr gekräht.

Und mich mit Allzweckputzequipment
durch das ganze Haus gejagt,
während ich doch vehement
der Weigerung die Ehre gab.

Doch die Eltern blieben hart:
»So wird kein Mann dich haben wollen!«,
sprang mein Vater in die Bresche
und zeigte unter Augenrollen
entschieden auf die Bügelwäsche.

Was blieb mir da,
als so zu handeln,
wie es zu erwarten war?
Schon damals trefflich feministisch!

Beherzt schmiss ich auf den Boden,
begann, zu trampeln und zu toben
wie ein Kind im Supermarkt,
dem man das zweite Eis verwehrt,
was erschütterte Passanten
Kondomgebräuche schätzen lehrt.

So zog ich ins Gefecht,
ich mit meinem Schweinehund!
Denn so heißt es doch zu Recht:
Hauptsache, der Hund is' g'sund!

Und der Hund will seine Ruh
und keine Fensterscheiben putzen!
Und ist der Meinung, dass wir beide – er und ich –
der Menschheit auch noch anders nutzen,
als mit Staubwedeln bewaffnet
gegen Wollmäuse zu kämpfen.

Meine Küche zum Glänzen zu bringen;
dafür hab ich ja dich!
Du kümmerst dich um meine Pölster
und um das Spieglein an der Wand
und auch das findet, du bist die Größte
uns'rer Wohnlandschaft!

Du machst mir das Leben leichter,
hast die Lösungen parat,
reparierst Schubladenhenkel!
Wer dich an seiner Seite hat,
dich jede Woche rufen kann,
braucht bei aller Liebe wirklich
bisweilen keinen Ehemann!

Denn du putzt und schraubst und wäschst,
denkst an die Einkäufe von morgen,
ja, und den Rest,
den frau so braucht –
kann ich mir auch selbst besorgen!

Ich liebe dich …
Und ich liebe mich,
dafür, das Kleingeld zu haben,
dich bezahlen
zu können.

Ich weiß nicht, ob's erziehungstechnisch
mit mir ein gutes Ende nahm,
doch zumindest fing ich nach der Schule
fast aus Faulheit zu studieren an.

Damit ich mir dich leisten kann!

Und ich weiß nicht, ob's den Eltern
mit ihrem Putz-Belehrungsding
wirklich um mich und die Sache
mit der Partnerfindung ging,
als sie versuchten, meinen Eifer
fürs Wäschewaschen zu entfachen.
Denn die wollten's ja in Wahrheit
auch einfach nur nicht selber machen!

Das Faultier fällt nicht weit vom Stamm
und bleibt dann dort auch einfach liegen
und lernt, wenn es bezahlen kann,
kann es wirklich alles kriegen!

Kapitalismus, Baby!

Und die Moral von der Geschicht:
Willst du dein Kind zur Einsicht
bringen und es auf die Uni schicken
– auf dass was aus ihm werden soll! –,
erzähl ihm, wenn das Geld gereicht,
ein and'rer seinen Haushalt schmeißt.

Hier liest dir Agnes persönlich den Text vor:
tinyurl.com/ode-an-die-putzfrau

#risiko

Gepflastert mit holprigen Stolpersteinen
erstreckt sich vor mir der Boden
und jeder Schritt meines Ganges verfängt sich in Netzen,
die Spinnentiere woben.

Und alles verschwört sich und alles ergießt sich,
heut nimmt mich die Welt auf den Arm.
Vor meinen Augen in wogendem Flattern:
ein riesiger Schmetterlingsschwarm.

Und wer es nicht für möglich hielt,
diese Metapher fungiert zum Beweise;
Welch schöne Umschreibung, ein Schmetterlingsschwarm,
was in Wahrheit eine Anhäufung …
Scheiße.

Denn die Wahrheit präsentiert sich
zu unserem Leid-
wesen bei Zeiten schlicht
in einem hässlichen Kleid.

In einem kartoffelsackähnlichen Polyesterverschnitt,
unförmig, ärgerlich kneifend im Schritt.
Unbequem, bei Zeiten lästig,
so hüte deine Zunge,
wer es wagt und sie laut spricht,
verleiht dem Unheil Schwung-e
Mit e – sonst reimt's sich nicht.

Doch auch der Reim kann manch wahrem Wort
nicht seinen Schrecken nehmen.
Gesprochen an manch falschem Ort,
kann es die Menschheit grämen.

Und du, mein armer Botschaftsbringer,
schau, sie sind angepisst!
Die Leute wollen keine Finger,
die ihnen zeigen, wie es ist.

So kleide deine Worte in einen Blumenprint,
lass Schmetterlinge regnen
und halte deinen Mund!
Und ich halt meinen Mund,
hör dich von dir erzählen,
was du so machst, dies und das,
und über dein Leben.

Und am Ende,
wenn du mich fragst, wie ich das finde,
dann red ich über
Schmetterlinge.

Ziehe schöne Vergleiche für den Mist,
den du da machst.
Und du bist mit mir zufrieden.
Und ich hab Spaß,
während du über was anderes lachst
als ich.

Ich lach über dich
und du bist mit mir zufrieden.
Und so haben wir alle was davon;
du ein gutes Gefühl und ich meinen Frieden
und alle lächeln.

Und das ist ein schönes Szenario.
Die Wahrheit hingegen laut auszusprechen,
bleibt ein Risiko.

Laut sein.

Dieses Kapitel ist uns Frauen und unseren Belangen gewidmet. Lesen dürfen und sollen es aber alle! Für mich als Hebamme sind die weibliche Sexualität und frauenrelevante Themen im Allgemeinen eine Berufung und tiefes Anliegen. Ich freue mich, als Künstlerin die Möglichkeit zu haben, dieses Anliegen auf die Bühne (und in dieses Buch) zu tragen und damit einem breiten Publikum zugänglich zu machen. Dabei ist es mir wichtig, als Stimme FÜR Frauen – nicht gegen Männer – wahrgenommen zu werden. Im Feminismus geht es nicht darum, Männer kleinzumachen, auch wenn manche das leider immer noch so sehen. Vielmehr geht es darum, Frauen gleich groß zu machen. Es geht darum, uns auf Augenhöhe zu begegnen und uns gegenseitig zu respektieren. Manchmal bin ich tief betroffen, wie wenig selbstverständlich das immer noch ist.

Und es geht ja nicht nur um »uns« Frauen! Mich für den Feminismus starkzumachen, bedeutet für mich eine Fürsprache zur Gleichstellung aller Menschen, unabhängig von Geschlecht und sexueller Orientierung – unabhängig davon, wen sie lieben und wie sie sich entscheiden, zu leben.

Ob Angela Merkel eigentlich weiß, dass sie mit ihrer typischen Merkel-Raute bei öffentlichen Auftritten »Vagina« in Gebärdensprache in die Welt hinausruft? Diesem Umstand zu Ehren und einfach weil ich das verdammt großartig finde, sind die Titelnamen meiner Texte in Hashtag-Form.
Ich setze Rautezeichen! Und ich hoffe, dass noch viele es mir (und Angela Merkel) gleichtun werden.

#hebammendate

Wir treffen uns in einem kleinen Café,
über Latte und Tee
klären wir die Basisdaten unserer Leben.
Deine Zunge tanzt,
der Löffel in deiner Hand
klappert am Tassenrand
im Takt deiner Lebensmelodie.

Die Energie in deinem Blick
lässt vermuten, dass mehr als eine 10-Watt-Birne
hinter deinen Augen brennt.
So weit so gut.

Du hast schöne Hände und
lustige kleine Fältchen um die Augen.
Und dein Lächeln, als ich blöde scherze,
will ich dir erstmal sogar glauben.

Und du sagst, du seist auf der Suche,
schwadronierst über die Welt und ihren Sinn.
Und als du endest und mich ansiehst,
ahn ich schon,
dass ich jetzt wohl an der Reihe bin.

Und was machst du so?,
hast du mich dann gefragt
und bestimmt nicht erwartet,
dass ich darauf sag:

Ich bin Hebamme, eine Frau mit helfenden Händen,
Geburtsbeistandsleisterin in Kreißzimmerwänden,
Expertologin für Herzschlagmomente und alles von
Schwangerschaftsthemen bis Brustmilcherzeugnisse.

Mein Job sind die Wunder des Lebens
und bevor wir beide jetzt weiterreden,
lass mich was klarstellen:
Es gehören da vorab einige Punkte genannt,
nur damit's dann nicht heißt, ich hätte dich nicht,
na ja,
vorgewarnt.

Punkt 1 (ein sehr wichtiger Punkt)

Die Klitoris – ein unterschätztes Organ
mit oft aufklärungsbedürftigem Lageplan,
Anatomie flächendeckend unbekannt.
Wer glaubt, der kleine Knubbel sei schon alles gewesen,
sollte die richtigen Ratgeber lesen.

Gänzlich ungeeignet dafür übrigens:
Anatomiebücherinhalt
– die haben's nämlich auch nicht geschnallt!

Und die Beischlafumgebung ist bei mir so konzipiert,
dass die Hormonausschüttung optimal funktioniert.
Und der weibliche Orgasmus ist schön!
Er ist so schön!

Wie er feurige Wellen schlägt, bis hinauf zur Zervix!
Und die sieht irgendwie aus wie
so ein kleiner Donut mit rosa Zuckerguss.
Und jetzt soll noch einer sagen,
dass das nicht irgendwie köstlich klingt!

Punkt 2

Unter Umständen rede ich unter anderem
über folgende Themen auch beim Essen:
Geburtsgeschichten, Gebärmöglichkeiten,
plazentare Zeitorgane – auch bekannt als Mutterkuchen –
und alle Arten von Körperflüssigkeiten.

Außerdem keine Garantie für immer wieder anfallende
sexuell schmutzige und/oder unangebrachte
Anspielungen.

Punkt 3

Dehnungsstreifen
sind Zeichen der Liebe auf der Haut.

Wie ein verdammter Tiger,
der seine Schrammen abbekommen hat,
trägt jede Mutter ihre Narben
und ich finde, sie sollte sie mit Stolz tragen!

Uns're Superpower ist die Erschaffung von Leben
und dafür müssen wir uns einfach nicht schämen!
Makellos schön ist nur die Photoshop-Fake-Produktion
auf dem Cover der Woman.
Und sowas will ich nicht sehen!

Ich glaub an echte Körper, echte Frauen …
Natürlich schöne, makelvoll-wunderbare,
selbstbewusst-zauberhafte Vulvagenossinnen!
Nicht-Mann-Menschen
mit Hirn und Brüsten.
Und ja, »Vulva« ist ein Wort,
nur leider scheint's irgendwie
vom Aussterben bedroht.

Punkt 4

Ich hab den Röntgenblick!
Egal, wie du stehst oder sitzt,
ich seh nur dein Becken und wie du es kippst!
Wenn du dich bückst,
würd ich am liebsten deine Äpfel schütteln![3]

---

3 Zur Erklärung: Um während der Geburt die Gesäßmuskulatur zu
lockern, legen wir manchmal die Hände an den Hintern der Frau und
schütteln sie. Das nennt sich »Äpfelschütteln« auf Hebammerisch.

Punkt 5

Beachte stets, wenn wir uns sprechen:
In 70 % der Fälle ist mein Schlaf letzte Nacht
nicht ausreichend gewesen.
Und der Schlafmangelfilter in meinem Kopf
sagt nun mal zu allem Stopp,
das nicht wichtiger scheint
als ein Kind, das gerade zum ersten Mal weint.

Sprich dich nur aus, ich will es wissen!
Du wirst dich nur wiederholen müssen.

Punkt 6

Meine erste lebende Fremdsprache
ist die unserer Körper und die spreche ich fließend.
Mehr als tausend Wörter les ich aus
deinen Augen und Brauen,
deiner Gestik und Mimik.

Ich weiß, wie's dir geht,
spür deinen Schmerz wie deine Freude,
also vergeude
nicht deine Zeit,
mir was vorzumachen.

Lass dich tragen von mir, aber zieh mich nicht runter!
Meine Welt ist so voller Liebe und Wunder
und kleinen Wesen mit zauberhaftem Babyduft.
schniiiiief *aaah*

Nein, lass dich nicht blenden!
Ich bin hartes Pflaster gewohnt.
Und wenn du mich mitnimmst,
zeig ich dir, dass es sich lohnt,
die Welt mal aus einem anderen Blickwinkel zu sehen!
Ich lern jeden Tag, besser zu verstehen,
was wirklich zählt, solange wir da sind.

Denn ich kenn das Leben, pur, ungeschminkt echt.
Man ahnt es bereits:
In Diskussionen hab ich meistens recht.
Ja.

Punkt 7

Ich hab so oft erlebt, wie das Leben beginnt,
aber auch dass es manchmal viel mehr von uns nimmt,
als wir bereit sind zu geben.
Und diese Momente im Leben haben sich eingebrannt.

Manchmal, da fühlt es sich an,
als trüg ich alles Leid dieser Welt in der Hand.
Und dann muss man mich halten,
mich trösten und sagen:
»Ich bin da! Heute werd ich dich mal tragen!«

Und »Nimm's dir nicht so zu Herzen!«
ist ein dämlicher Satz!
Ich wär ja völlig fehl am Platz,
würden mir diese Familien nicht am Herzen liegen!

Punkt 8

Manchmal, da dusch ich so fünfmal am Tag,
um den Fruchtwassercocktail in meinem Haar
und alles, was ich an diesem Tag von mir gab,
von mir abzuwaschen.
Und das muss man mich lassen
und nicht von Wasserverbrauch schwafeln.

Schwer genug, dann die nächste Entscheidung zu treffen:
schlafen oder essen, schlafen oder essen, schlafen oder …
Und wenn ich dann mit halbzerkautem Bissen im Mund
auf meinem Kopfpolster schnarch:
Bitte, weck mich bloß nicht auf!

Und jetzt sitzen wir hier
und du wirkst nicht eingeschüchtert,
zumindest nicht ganz so schlimm
wie anfangs befürchtet.

Ich bin nur eine Frau mit helfenden Händen,
Fachgebietsangehörige weiblicher Lenden,
Expertologin für Fortpflanzungsfragen.
Ich bin anders,
aber vielleicht ja gerade deshalb die richtige Wahl.
Ich jedenfalls bin gern nicht ganz normal.

Hier liest dir Agnes persönlich den Text vor:
tinyurl.com/hebammendate

Ziemlich bald, nachdem das »Hebammendate« Premiere auf der Bühne gefeiert hatte, schloss ich aus den Reaktionen des Publikums, dass zum Thema »Klitoris« durchaus noch Redebedarf bestehen würde.

Aus diesem Gedanken heraus entstand der folgende Text, den ich auch gerne meinen »Orgasmustext« nenne. Man merkt ein bisschen, wann ich ihn geschrieben habe, nämlich zur Zeiten der Bundespräsidentschaftswahl 2016 in Österreich.

Zu Erinnerung: Mein Land hat händeringend und eine Wahlpanne und -anfechtung nach der anderen produzierend ein Jahr lang verzweifelt versucht, einen Bundespräsidenten zu wählen. Das war vielleicht mühsam!

Die Geschichte ist letztlich aber gut ausgegangen, für mein Land und auch für diesen Text, dem damit ein netter kleiner Witz beschert wurde, über den ich immer noch herzlich lachen kann.

Oh, du großes Österreich! Ich schüttle ein bisschen den Kopf und verneige mich kameradschaftlich.

Aber zurück zum Wesentlichen: Liebe Männer, seid mir nicht böse! Aber solang ich vor dem Fernseher sitze und mir bei quasi jeder Sexszene á la Hollywood ganz sicher bin, dass diese Frau sowas von keinen Spaß an der Sache haben kann – von der Pornoindustrie will ich gar nicht anfangen! –, und solang ich nicht von sämtlichen Frauen in meinem Umfeld vernehme, dass egoistische und/oder unbeholfene Männer im Bett die Ausnahme geworden sind, werden wir darüber reden müssen!

Und letztlich soll dieser Text nichts anderes sein als ein Gedankenanstoß – für Männer und Frauen gleichermaßen. Denn wenn wir nicht darüber sprechen, bleibt wahrscheinlich alles, wie es schon immer – viel zu oft nicht so gut – war.

#zumhöhepunkt

In sagenumwobenen, gehobenen Kreisen der Weiblichkeit
liegt in der Dunkelheit verborgen ein Punkt,
den zu finden manch tapferer Ritter
löblicherweise sich wünscht.

Und die Suche fürwahr könnte durchaus Potential,
zur schönsten Nebensächlichkeit der Welt zu fungieren,
haben,
doch nur, muss man sagen,
würden sich da nicht einige erschwerende
Umstände ergeben.

Die Bezeichnung Ritter nämlich scheint auf den
zweiten Blick gesehen vielleicht leicht übertrieben.
Der junge Mann in dieser Geschichte ist etwa 1,78 groß,
stattlich gebaut und bemüht sich wirklich redlich,
diesen Text zu einem Höhepunkt ihres Tages zu machen:

Zärtlich legt er seine Finger auf ihre Lippen,
lässt sie von ihr küssen, bis sie feucht-glitschig sind,
taucht schließlich ab in tiefere Gefilde, wählt
– der Österreicher von heute ist geübt im Wählen –
einen Punkt zwischen ihren Schenkeln
und beginnt schließlich,
hysterisch
daran herumzurubbeln.

Sie denkt an:
Wahlanfechtung.
Und an:
Wühltischmetaphern.

Wühltischmetapher #1

Der Zeigefinger prescht vor wie die Hausfrau auf Koks:
(man stelle sich den Zeigefinger vor ...)
»Wo ist das T-Shirt um 4,99 – wo? Wo? WO?!«

(Man stelle ihn sich vor, wie er wild nach links und rechts
ausschlägt, wühlend auf der Suche nach dem verkackten
T-Shirt aus der Metapher!)

Wühltischmetapher #2

(Dafür braucht man tatsächlich beide Finger.)
Das T-Shirt, der heilige Gral,
scheint heute gut versteckt zu sein
– wir wühlen uns noch tiefer rein!

Zeigefinger und Arschlochfinger verbünden sich:
Die wissen, wie man richtig sticht!

(Man stelle sich die beiden vor, wie sie – mit der Hilfe
des ganzen Armes – immer wieder vorstoßen, auf
der Suche nach dem verkackt-heiligen Gral aus der
Metapher!)

Also ... motivationstechnisch ja super, ge?
Aber sonst eher nicht.

Das T-Shirt, der heilige Gral, das
»Also für mich hat sich das so angefühlt, als wären 1.000
Schmetterlinge in mich reingeflogen und die wären alle
unheimlich, äh, bunt gewesen und dann hätten sie sich
multipliziert und wären dann explodiert!«
Dieses Gefühl, gibt's vielleicht nur
in der Werbung von Amorelie!

Aber in Zeiten von
Frauenquoten-Gequatsche
und Genderdiskussionen
fehlen mir die Frauen,
die aufstehen und sagen:
»Das ist meine Klitoris! Und so behandelst du sie nicht!«

... fehlen mir die Frauen, die sagen:
»Ich bin in diesem Bett genauso wichtig wie du!«

Wir sind noch immer unterdrückt,
nicht nur was die Gehälter betrifft!
Nicht zuletzt weil noch immer kein
Scheiß-Medizinlehrbuch weiß,
wie groß eigentlich eine Klitoris ist!
Und weil noch immer so viele meinen,
dass unsere Vulven Wühltische sind.

In sagenumwobenen, gehobenen Kreisen der Weiblichkeit
liegt in der Dunkelheit verborgen ein Punkt …
Doch dieser Punkt sind in Wahrheit ganz viele Punkte
und das, was du siehst, ist nur die Spitze davon.

Und meistens ist ein sanftes Vortasten,
gepaart mit »Was gefällt dir denn so?«
eine ganz gute Kombination!
Und meistens ist ein stattlicher Mann,
der ganz passabel küssen kann
– eventuell mit Ausbau-Potential –,
schon mal ein guter Anfang.

Also fangt doch mal an.
Aber macht es richtig.
Und wenn nur einer hier heute nach Hause geht
und die Anatomie einer Klitoris googelt,
sind ich – und vermutlich seine Freundin – die Siegerinnen
dieser kleinen Texte-Präsentation.
Viva la Vulvalution!

Hier liest dir Agnes persönlich den Text vor:
tinyurl.com/zum-hoehepunkt

Und dann wär da noch die Sache mit der Alltagssprache!

Oft ist uns gar nicht bewusst, was wir im alltäglichen Sprachgebrauch von uns geben und welche Eindrücke wir damit an die nächste Generation weitergeben. Oft fällt uns gar nicht auf, was wir da eigentlich sagen! Aber Sprache ist eines der mächtigsten Instrumente, die wir haben. Sprache kann uns stärker machen oder stark schwächen. Sie kann uns aufbauen oder ganz, ganz klein machen. Ich liebe sie, ich spiele mit ihr und je mehr ich mich mit ihr befasse, desto bewusster wird mir, wie wichtig es ist, die eigenen Worte öfter mit Bedacht zu wählen.

Wenn ich mein ganzes Leben lang schwach genannt werde, wie soll ich stark werden? Wenn ich immer nur kleingehalten werde, wie soll ich wachsen können?

So prägen Worte und Redewendungen ganze Generationen, machen und halten uns klein. Und bei manchen frag ich mich wirklich, wie die eigentlich zustande kommen konnten ...

#fightlikeagirl

Du Pussy!
Sei keine Pussy!
Komm, sei kein Mädchen!
Lauf nicht wie ein Mädchen!
Wirf nicht wie ein Mädchen!
Heul nicht wie ein Mädchen!
Sei stark!

Wir – das ist das schwache Geschlecht!
Alles an mir ist schambehaftet:
Schamhügel, kleine Schamlippe, große Schamlippe
oder nur »die Scham« für alles das hier …
oder zumindest der Ausdruck für schlecht.

Schwach, schwächer, schlechter,
das ist der Kampf der Geschlechter.
Und wir verlier'n, weil wir Vaginen haben.
Aber das darf man ja nicht sagen!

Neulich hab ich gehört, dass jemand meinte in so 'nem
Video-Internet-Blogger-Dingsbums, Feminismus und Sexis-
mus seien wie das neue vegan!

Man kennt das ja: »Waaas, du isst keine tierischen Produk-
te? Du isst ja meinem Essen das Essen weg! Soll ich dir'n
paar Blätter bringen?«

Und genauso:
Kaum fängt jemand damit an,
leise anklingen zu lassen, das wär jetzt sexistisch,
schnappt daneben irgendjemand nach Luft
wie ein gestrandeter Fisch
und schreit: »Ja, ABER ...
Dies und jenes ist auch für Männer nicht leicht
und auch wenn Frauen oft weniger verdienen,
sind auch nicht alle Männer reich!
Es gibt auch Männer, die zuhause verprügelt werden ...
UND WERDINNEN –
weil man muss ja aufpassen, was man sagt vor dir!«

Und er hat mit manchem Recht,
aber das ist ja nicht der Punkt.

Schon klar: Feminismus nervt!
Feminismus ist unsexy und unbequem
und wie immer,
wenn hier jemand nach Veränderung schreit,
sind mindestens alle dagegen:
»Das war doch schon immer so!«
»Das meint man ja nicht, das sagt man nur so!«

Ja, genau,
das ist so tief verwurzelt in unserem Sprachgebrauch,
das fällt gar nicht auf!

Aber aus »immer schon falsch«
wird halt leider nicht »richtig«!
Und aus »Das fängt an, zu nerven!«,
wird auch nicht »nicht wichtig«!

Und ich werd immer noch gefragt,
ob ich für dies und jenes nicht die Eier in der Hose habe.

Zwischenfrage:

Wie eigentlich haben zwei etwa 5 x 3 cm große, wei-
che Fleischkugeln, verpackt in einer meist schrumpeligen
Hauthülle, die den Träger bei der kleinsten unsanften Be-
rührung in die Knie zwingen, es geschafft, zum ultimati-
ven Symbol für Mut, Härte und Stärke zu werden?
    Kapiert ihr das?

Und dann möcht ich am liebsten sagen:

Danke der Nachfrage! Nein, ich hab nicht die Eier in der
Hose! Und ich würd auch nicht tauschen wollen! Was soll ich
mit so 'ner baumelnden Achillesferse zwischen den Beinen?

Und nein, ich bin keine Pussy,
aber ich hab eine gute!
Und wir beide sind so hart zusammen,
dass ich regelmäßig blute!
(Ja, das ist durchaus mit einem Augenzwinkern zu
verstehen.)

Feminismus wird halt nicht weggehen,
nur weil wir ihn nicht haben wollen,
und solang wir uns're Töchter in Geschlechterrollen
quetschen, die besagen,
dass sie schwach und hilfsbedürftig
einen starken Ritter brauchen
und nicht gut genug werfen
und nicht schnell genug laufen,
wird es Menschen geben wie mich,
die euch mit solchen Texten nerven.

Aber ich bin nicht hier, um zu kämpfen,
und ich bin nicht hier, um zu streiten,
und ich bin auch nicht hier, um auf Männer zu scheißen
– das wär ja auch deppert!

Und ich weiß, ihr seid genervt,
und ich kann's manchmal auch nicht mehr hören,
aber ich komm auch nicht umhin, mich dran zu stören,
dass uns're alltäglichen Worte Mädchen verletzen
und ihre und meine Geschlechtsteile geringschätzen!
Des is wirklich deppert!

Übrigens, nur zur Erinnerung: Ich bin Hebamme! Das wär nochmal im Hinterkopf zu behalten für meinen aussagekräftigen Schlusssatz, der geht nämlich so:

Denn was »Pussys« eigentlich leisten,
das seh ich jeden Tag.
Und ganz ehrlich, ich muss sagen:
Das ist wirklich ganz schön stark!

Hier liest dir Agnes persönlich ihren Text vor:
tinyurl.com/fight-like-a-girl-am

#klartexttext

Sch...
Es ist meistens nur ein Flüstern,
ein Raunen hinter Händewänden,
die verbergen, wie wir tunlichst
nicht zu viel Atem drauf verschwenden;

Wenn wir zögerlich versuchen,
um den heißen Brei zu reden.
Wenn wir im Tanze gleich
– zuckende Gesten –
uns um ihn herumbewegen.

Schhh ...
Ich meine, ...
Also ... äääh ...
Es ist nur ...
Du weißt schon ...

Erdbeerwoche halt.

Los Wochos.
Bloody Mary.
Tante Emma zu Besuch.
Und die Tante hat Verwandte,
die Berta oder Lola heißen
oder Tante Rosarot, die in Unterleibzig wohnt.

Aber sch...
Lass uns nichts sagen,
nur in Klokabinen flüsternd uns're Sitznachbarin fragen
nach was zum Umstöpseln.
Nach was zum Baumwollponyreiten.
Es gibt so viele Worte, die umschreiben,
so viele Ausdrücke fürs Rumdrucksen,
fürs ausschweifende Verbalducken.

Maler im Keller.
Rote Armee.
Ferrari in der Tiefgarage.
Ferien am Rothensee.

Aber sch...
Es ist meistens nur ein Flüstern
über Busenspannungsproblematik
und was in unser'm Bauch geschieht,
muskuläre Krampfzustände,
mein Uterus ist Kampfgebiet!
In dem ein Drache Feuer spuckt,
östrogenen Zwietracht sät.

Der lokale Sender meldet:
Erneute Menstruosität!
Unterleibzig steht in Flammen.
Es kommen wieder blut'ge Zeiten.

Doch wir haben längst gelernt,
diesen Drachen zuzureiten!
Auf der roten Welle surfen, ohne unterzugehen,
mit Wärmeflaschen bewaffnet uns're Frau zu stehen.

Und damit will ich uns brüsten,
wie jeder Feldherr es täte!
Das Haupte hoch auf
nach jeder gewonnen Fehde.

Aber sch...
Wir wollen dich nicht irritieren,
dich nicht belästigen mit dem –
wie uns're Körper funktionieren?
Nicht Dinge unnötig besprechen,
die ja nur die Hälfte der Weltmenschheit betreffen,
zu der du nicht gehörst,
und wenn es dich stört
dann –
fick dich.

Höflich formuliert.
Denn es ist meistens nur ein Flüstern,
was endlich eine Stimme braucht.
Die ich gebe, ich entschied mich
aus dem Bauch heraus.

Von ungefähr hier.
Denn es betrifft mal sicher die Hälfte der Menschheit.
Und dann noch alle anderen, die sich nicht zieren,
des Nachts bei dieser Hälfte zu liegen
für den Fortbestand der Menschheit.
Oder auch nur so zum Spaß,
denn meistens ist es uns ja lieber,
wenn das keine Folgen hat,
keinen Fortbestand der Menschheit.

Denn wenn die Tante Emma kommt
– uns den lieben Spaß verdirbt –,
dann kann uns das verdrießen.
Wenn sie, scheint's plötzlich, nicht mehr auftaucht,
lernen wir sie meistens lieben.

Also lasst sie uns lieben!
Uns're Händewände formen zu etwas,
das uns lauter macht,
sagen, was
wir hören wollen und uns auch Gehör verschafft.

Es ist nur ein bisschen Blut!
Ein bisschen Uterusschleimhaut,
die ich nicht mehr brauch,
also lass ich sie fließen.

Lass mich treiben im Zyklus des möglichen Werdens,
der nichts anderes tut, als dass er gut funktioniert,
und ich will nicht mehr hören, wie man ihn pathologisiert!
Oder mit Abfälligkeiten deutet,
das Problem an unserer Fehde
sei mein Reproduktionssystem.

Als wär's nicht möglich,
dass nicht gerade höflich
verlorene Worte in strittiger Frage
Grund genug wären für meine Stimmungslage.

Nicht jeder weibliche Zorn lässt darauf schließen,
dass Hormone hochdosiert
aus unseren Ovarien schießen!
Meistens liegt's tatsächlich nur
an irgendeinem Bullshit!

Menstruationstassen hoch! Auf unsere Körper!
Vergesst Erdbeertage und andere Wörter
und nennt das »kein Kind« beim Namen!
Und lasst uns gemeinsam Spaß dran haben,
an unseren Körpern!

Denn die sind nicht zum Schämen
und auch nicht verkehrt
und das sag ich so lang, bis es niemanden mehr stört,
wenn wir Tampons aus unser'n Taschen nehmen.
Krieg dich ein, Martin! Es ist nur ein bisschen Blut!
Und Uterusschleimhaut, die ich nicht mehr brauch.

Also lass ich sie fließen und nenn das »kein Kind« beim Namen.
Und vielleicht werden wir irgendwann Spaß dran haben
und ein kleines Fortpflänzchen entsteht,
mein Körper versteht,
dieses Pflänzchen zu schützen, es wachsen zu lassen,
in diese Welt zu setzen ...
Und das ist eigentlich krass!
Also lasst
uns das doch endlich feiern.

Hier liest dir Agnes persönlich den Text vor:
tinyurl.com/klartext-am

#muse

Es ist ein Abend zu Tische unter Freunden
und solchen, die's in naher Zukunft werden sollen.
In einem Etablissement mit Fahrstuhlmusik
und einem Kellner, der fehl am Platz wirkt.

Doch der Alkohol fließt
und nach sieben Drinks mit Schirmchen
und ein paar Gläsern Wein
zieht's mich unabdingbar
links an der Bar vorbei.

In die Stille des Örtchens,
zu Keramik und Fliesen,
Seifenspendern und Wasserspielen.
Ich muss sagen, der Druck war recht groß.

Nichtsdestotrotz nichts, worüber ich
noch länger reden muss als unbedingt nötig,
und auch nicht zwingend mit sämtlichen Anwesenden,
oder nur mit dem Typ hinter der Bar.

Doch kaum tret ich aus der Tür,
steht der auch schon da
und fragt, befremdlich begeistert:
»Und ...? Erleichtert?«

Im Kopf geh ich die Liste durch
und stell entschieden fest;
dieser Spruch gerade
war noch dümmer als der Rest
am heutigen Abend.

Und der Rest war dumm genug,
das muss man wirklich sagen!

Den ganzen Abend lang
chauvinistische Bemerkungen und hohle Kommentare
zu meinem Erscheinen, Hintern und Haare
und auf jede Frage
meinerseits ein präpotentes Grinsen.

Der Typ war höflich formuliert bestenfalls
kommunikationstechnisch ungeschickt.
Im Schaffungsprozess seiner Machosprüche
von der Muse gefickt.

Und ich frag mich wirklich,
welche Antwort er hören wollte?
»Danke! Ja, Sie haben wirklich eine tolle Kloschlüssel.«
Oder:
»Leider nein, ich kann so schlecht auf fremden Toiletten!«

Oder:
»Ja, wissen Sie, mit einem frischen Tampon
fühlt man sich gleich wie ein neuer Mensch!«
Oder mein persönlicher Favorit, ein Originalzitat aus dem
Film »Der Kindergartendaddy«:
»Ups! Knapp daneben!«

Bezogen auf die Tatsache, dass sich sexuell
bei ihm heut wohl nicht mehr viel tut,
kann ich nur hoffen, der Fick mit der Muse war gut.

Makel zeigen.

#heyya

*Thank god for Mom and Dad, for sticking two together
'cause we don't know how ...*

Da war ein Bild in meinem Kopf,
ein Bild von einem Haus mit Garten
und Menschen an der Schwelle,
die sich an den Händen halten
und so verschissen fröhlich grinsen.

Ein Bild von einem Zahnpastawerbungsleben,
einem Mit-Yakult-geht's-meinem-Darm-so-gut-
dass-ich-dauernd-grinsen-muss-Leben.
Einem guten Leben eben.

Da war ein Bild in meinem Kopf
von Menschen, die sich lieben,
und ich weiß selber, diese Bilder
sind doch reichlich übertrieben.

Und das ist nicht das Leben,
das ich wirklich lebte,
das sind nicht die Bilder,
die ich an meine Wände klebte.

Das sind nur Ideen.
Der Gesamteindruck einer ganz passablen Kindheit.
Da war ein Bild in meinem Kopf
von einer Frau und einem Mann
und die Geschichte fängt ganz banal
mit einer jungen Liebe an.

Und am Ende dieses Bild
von Vater-Mutter-Kind
in einem Haus mit Hund und Garten.
Und ...

Ja, das ist nicht das Leben!
Ich wuchs auf in einem Haus,
da war's immer voll und laut,
da gabs viele Zankereien,
viele Menschen, viel Geschrei,
Geschwister, die sich stritten, und mitten
drin ich.

Ich wuchs auf in einem Haus
mit Hund und Garten,
mit gerade genug Geld,
dass wir alles hatten,
was eben so nötig war.

Und meine Mutter kochte Essen
und mein Vater ging zur Arbeit
und das war ...
irgendwie normal.

Das war damals, als ich dachte,
mit 18 bin ich dann erwachsen
und ich werd alles genauso gut machen
wie meine Eltern, bis auf manche Sachen
– die mach ich dann noch ein bisschen besser.

Heute denk ich mir:
Fuck!
Woher hätte ich wissen sollen,
dass meine Generation andere Pläne hat?

Denn wir ...
Wir parshippen jetzt.
Wir tinderfinden alle paar Monate
wieder drei Menschen zum Verlieben.
Aber können wir sagen,
wir hätten uns in einer Bar kennengelernt?

Heute haben wir One-Night-Stands
und More-Night-Stands
und sind alle irgendwie »Mingel«
– also irgendwo liiert, aber trotzdem noch Single –
und eigentlich immer ist es scheißkompliziert.

Das ist das neue Normal.
Wer heiratet heut noch mit 20?
Und wer davon lässt sich nicht gleich wieder scheiden?
Wer ist heute eigentlich noch glücklich?
Und wer kann sich eigentlich mal entscheiden?

Ich nicht.

Denn wir haben gelernt,
dass wir alles haben können
und uns stehen alle Türen offen.
Und das heißt auch, egal, wie gut wir's haben,
auf was Besseres kann man allemal hoffen.

Da geh ich einfach wieder auf Tinder!
Das ist knallharter 5-Minuten-Fame.
Fünf Leute schreiben mir;
ich fühl mich wie quasi fix vergeben
– quasi fast unter der Haube.
Morgen ist hier wieder Flaute.

Und dann sind wir noch so gut im Lügen!
Das perfekte Foto schießen,
Filter drauf und in die Timeline fügen.
Und da soll noch einer denken,
er hätt' den Partner fürs Leben,
während alle auf Facebook
ihren High-Life-Schwindel geben.

Und so gut wie die will ich mich auch mal fühlen!
Auch wenn sie alle nur lügen.
Und keiner hat heute noch Fehler,
denn hier geht's nur ums Bessersein,
Meine Mama hat gesagt, ich bin besonders,
also Leute, seht das mal ein!

Und dass deshalb alle Frauen
täglich den halben Bipa im Gesicht tragen,
ist möglicherweise ja der einzige Grund,
warum Sie mich ungeschminkt fragen,
ob ich an Leukämie erkrankt bin!
Macht irgendwie Sinn.

Und das Leben ist vielleicht ja auch ohne Filter schön,
das kann man dann nur nicht sehen,
wenn man auf Instagram lebt,
wo normale Menschen Glamour besser vortäuschen
als Pornodarstellerinnen ihre Orgasmen.

Und so vergehen die Jahre,
und ich steh vor dem Spiegel
und denk zurück an die Tage,
an denen ich dachte:
Mit 21 werd ich sicher verheiratet sein
– wie meine Mutter halt auch.
Und ein Jahr später strampelt dann
mein erstes Wunschkind im Bauch.

Und der Vater dazu ist der Mann meiner Träume
und pflanzt Apfelbäume
im Garten vor unserem Haus
und stellt ein fucking Klettergerüst auf
und was man eben so braucht
für eine ganz passable Kindheit.

Und so vergehen die Jahre.
Mittlerweile bin ich 25, alleinerziehend
und kann Hunde nicht leiden.
Ich fühl mich generell verkorkst
und kann mich prinzipiell nicht entscheiden.
Und eins hab ich gelernt;
dem Leben ist egal, welche Pläne wir haben!
Und was ich damals so träumte,
darf ich heute gar nicht zu laut sagen,
denn das ist ja nicht feministisch
und das ist nicht emanzipiert …

Nein, das sind Gedanken eines Kindes,
das das Leben in seiner Seifenblase sieht.
Und die ist geplatzt und die Seife
brennt mir in den Augen.

Danke, Mama und Papa,
wegen euch will ich trotzdem noch dran glauben!

Hier liest dir Agnes persönlich den Text vor:
tinyurl.com/yc69ks6q

#optimismus

Würde man mich nach der Farbe,
die am besten zu meinem Leben passt, fragen,
wäre die Antwort an manchen Tagen:
Taubenkacke.

Weiß, mit so schwarzen Sprenkeln drin.
Also eh ganz okay im Großen und Ganzen.
Aber dazwischen halt relativ g'schissn
und im Endeffekt bleibt's Kacke.

Denn manchmal ist jeden Tag Montag
und manchmal ist jeden Tag schaß
und manchmal (muss man schon sagen)
machen auch Dienstag und Mittwoch keinen Spaß!
Das sind auch ziemliche Arschlöcher eigentlich!
Und ich hab da mal so Parallelen entdeckt;

Ich finde, das Leben ähnelt einem Tag
in einem heillos überfüllten Wasserpark:
In Schlangen drei Stunden anstehen
für jeweils 30 Sekunden Spaß!

Mit brennender Nase,
die vor Chlorwasser trieft,
landest du dann in dem Becken
mit Badehose in den Knien.
Wem das wirklich Spaß macht,
hab ich nie verstanden!

Und ich persönlich finde ja,
man muss nicht immer so viel machen,
so viel reisen, feiern, sehen,
will hier eigentlich niemand mal nix erleben?

Will hier eigentlich niemand mal nicht
ausgehen, rausgehen, Koffer packen,
auf Luftbettrückenbrechern knacken,
im Flieger verteilen sie Leitungswasser im Tetrapack
– ernsthaft?

Und will hier eigentlich niemand mal nicht
auf Railjet-Sitzen fast krepieren,
Handys auf'm Klo verlieren,
zu viel rauchen, saufen, kiffen,
auf ekligen Toiletten pissen
und dann morgens Kater haben?
In Norddeutschland?
Wo der Regen
sich anfühlt, als würd dir das Leben
mit einem Luftspray-Zerstäuber
Pisse ins Gesicht sprüh'n
und dabei »Ha-ha!« rufen
wie dieser Schlägertyp von den Simpsons?

Fühlt sich an wie drei Stunden anstehen.
Zahlt sich das aus?
Die 30 Sekunden Spaß
hab ich zuhaus auf meiner Couch,
mit Netflix ... und sonst nix!

Und ich hätt so gern mal meine Ruh,
Lichter aus und Türe zu!
Nix erlebt haben,
ich will mal nix erlebt haben!

Ich hör zu wenig Stimmen sagen:
Heute war ein guter Tag,
weil ich nur im Bette lag,
hab meine Wand da angestarrt.
Und als ich sie nicht mehr sehen wollt,
hab ich mich mal rumgerollt.
Highlight des Tages!

Und die zweite Wand, die war vielleicht schön,
Mann, war die schön ...
Muss man vielleicht selber gesehen haben.
Aber DAS, DAS WAR EIN TAG!
Nix erlebt, nix gesehen
– Mann, war das schön!

Denn sind wir uns ehrlich:
Wer einfach mal gar nix erlebt hat,
hat sich meistens auch viel Scheiße erspart!
Es passiert so viel Scheiße
aus dem Arschloch des Lebens!

Zum Beispiel hab ich mal ein Auto gekauft:
75.000 Kilometer am Buckel, 3.000 Euro
– da Papa hat gesagt: voll gut!
... Kommt so ein Typ, fährt's mir kaputt!
Danke!

Und das ist das Leben:
Ein richtiges Arschloch!
Denn manchmal ist jeden Tag Montag
und manchmal hab ich einfach zu viel gesehen,
zu viel erlebt, um noch nach draußen zu gehen
und dem Leben zu vertrauen,
manchmal ist das so schwer, aber ...
(Und jetzt kommt der optimistische Teil.)

Wenn dich so ein Auto in den Graben fährt,
gebrochene Knochen, verdrehte Gelenke
denk ich mir trotzdem:
Gut, dass es dieses war und nicht das nächste!
Das nächste, zwei Straßen weiter,
hätt' dich vielleicht ja getötet!
Sind wir froh, dass es dieses war
und nicht das nächste!

Denn schlimme Dinge passieren zwar,
aber vielleicht ja manchmal lediglich,
damit noch schlimmere Dinge nicht
passieren.

Wenn Montage eskalieren
und Dienstage Mitläufer spielen
und mittwochs ist die Scheiße immer noch da ...
Versuch ich, mich dran zu erinnern,
dass Scheiße wenigstens immer schon
ein guter Dünger war.

Und ich kann nicht sagen, dass ich mich nicht fürchte.
Denn Probleme sind Rudeldinge!
Und ich hab Angst vor dem nächsten Auto.
Und ich hab Angst vor der Angst vor dem nächsten Auto.
Weil self fulfilling prophecy ist kein Mythos!
Und das Leben funktioniert nur auf die eine Weise
– auf die harte Tour!

Fast-Unfälle schockieren uns nicht genug!
Und dann ist plötzlich jeden Tag Montag,
und dann ist plötzlich jeden Tag schaß.
Und manchmal ist das Leben so »oarsch«.

Aber morgen hab ich vielleicht wieder Spaß.
Fahr Einkaufswagenstraßenrennen
und lach über Käsefüße,
weil die so lustig stinken – nach Käse und Füße.
Und dann lach ich mit Selina über Nüsse,
die klingen wie ein Niesanfall: Chash-eeeewws!
Und das ist auch was Schönes erlebt.

Und dann
sieht sie mich an
und sagt:
»Mama, is' doch egal, schau ma einfach mal.
Und he, dann
seh ma's eh!«

Hier liest dir Agnes persönlich den Text vor:
tinyurl.com/optimismus-am

#winterdepression
oder: die Ästhetik der Melancholie

Mein Kopf ruht sanft auf 15 Kissen,
meine Glieder unter Polsterdecken,
die noch nach verschütteter Tortilla-Käsesauce
und Popcorn-Salz vom Vortag schmecken.

Mein Bett,
eine Schlaf-Ess-Wohneinheit,
Netflix-Heimkino-Rückzugs-Festung der Einsamkeit.
Mein alles in einem und nichts, was ich noch brauch,
und nichts scheint hier unmöglich,
nur zum Lulu-Gehen steh ich
noch auf.

Dass ich hier liegen darf und nicht arbeiten muss, hab ich
dem Umstand zu verdanken, dass mir letzte Woche ein
Spiegel auf den Kopf gekracht ist. Das ist nüchtern be-
trachtet wahrscheinlich nur der Schwerkraft – und ein
bisschen meiner eigenen Dummheit – zuzuschreiben.
Die esoterische Version der Geschichte lautet allerdings:
Das Leben hat mir den Spiegel auf den Kopf gebrettert.
So auf die Art: Bleib mal daheim! *tusch*

Esoterik war wohl noch nie so gewalttätig.

Jetzt suhl ich mich.
Fühl mich wohl in meinem Unwohlsein.
In meinem Kokon aus Gram und Bitterkeit
und meinen Polsterdecken,
die noch nach Sauce und Salz
und ein paar kleinen Tränen schmecken,
weil das Leben ein Arschloch ist
und die Menschen voll kacke sind
und ich mich verstecken will,
vor all den Arschlöchern und dem Leben,
und weil ich nicht drüber reden
will.

Deshalb bin ich hier richtig.
Für Netflix ist das nämlich okay.
Netflix will auch nicht drüber reden.
Und mein Bett akzeptiert mich, wie ich bin,
und im Schlaf leb ich in einer Welt,
in der alle nett zu mir sind
und alle nach den Regeln meiner Oma leben:

Vorm Essen brav die Hände falten
– und wenn man nichts Nettes zu sagen hat,
einfach mal die Klappe halten!

Im Moment kenn ich sehr wenige Menschen, die nach
den Regeln meiner Oma leben.

Ich weiß nicht, ob das daran liegt,
dass zu wenige Menschen meine Oma kennen
oder weil die meisten Menschen einfach Arschlöcher
sind und Arschlöcher nun mal nicht anders können,
als jedem ihren Scheiß ins Gesicht zu speiben,
aber manchmal
finde ich es wirklich ausgesprochen schade,
dass ich ihnen im Gegenzug nicht einfach mal
ins Gesicht spucken kann,
wenn sie mir wieder mal besonders deppert kommen.

Deshalb bin ich hier richtig.
Weil's gesellschaftlich nicht akzeptiert ist, dummen Menschen ins Gesicht zu spucken. Aber sowas in der Art
wird vielleicht eh bald wiederkommen, denn ansonsten
scheinen mir die gesellschaftlichen Regeln in meinem
Land zuletzt ja auch eher lasch geworden.

Nachdem Ausgrenzung, Fremdenhass und kapitalistisches
Menschen-an-die-Wand-fahren mehrheitlich in die Regierung gewählt worden ist, kann ich mir vorstellen, dass ich
als blonder, blauäugiger Mensch bald wieder andere Menschen bespucken darf.
#positvethinking – oder was?

Deshalb bin ich hier richtig.
In meinem Bett, unter Polsterdecken,
lass ich mir Unmengen an Tortilla-Käsesauce
mit Popcorn schmecken
und feiere damit, dass da draußen alles kacke ist
und ich das jetzt akzeptiert hab.

Die Akzeptanz ist mein Freund.
Die Akzeptanz hilft mir ... dabei,
die Embryonalstellung leichter einzunehmen,
mich zu grämen
und nicht nach vorn zu sehen
und überzugehen
zu lustigeren Dingen.

Jetzt zelebriere ich sie:
die Ästhetik der Melancholie!

Dafür werfe ich
bedeutungsschwangere Blicke aus dem Fenster.
Und dabei stell ich mir Filmmusik vor,
emotional hochdramatische Szenen.
Und weil ich eh hier drin bin,
darf's draußen ruhig regnen.

Das macht alles noch viel melancholischer
und ästhetischer und schöner;
tanzende Regentropfen,
die den Rhythmus meiner Bitterkeit
in Mollakkorden an mein Fenster klopfen ...

Hmmmm ...

Und dann schau ich wieder Netflix.
Einen Film mit Til Schweiger, den alle hassen,
den deshalb noch nie jemand gesehen hat
und den trotzdem jeder kennt.

Aber kurz vor dem Ende
drück ich auf Pause
und mach mir das Ende selbst.
Das wird ohnehin viel besser,
wenn ich's mir selber mache.

Klick.
Pause.
Achtung, Spoiler:
Alle sterben.

Ende.

Hier liest dir Agnes persönlich den Text vor:
tinyurl.com/winterdepression-am

#julian

Ich form aus Worten ganze Welten,
erschaff Bilder aus dem Nichts,
reim mir die Seele aus dem Leib,
steh im Scheinwerferlicht.

Und fühl mich wohl,
dem Publikum mein Inneres
auf die Schuhe zu speib'n.
Ich hab viel erlebt und dafür hab ich
ganz schön viele Reime.
Und die sind gut
– behaupte ich jetzt mal unbescheiden
(Gut, der vielleicht nicht).

Doch das ist meine Show!
Ich bin Dompteurin der Worte,
lass die Rhetorik-Peitsche knallen,
mich aus luftigen Höhen
in das Wortfangnetz fallen.
Ich trage Glitzer dabei – so fühlt's sich wenigstens an!
Aber da ist noch was, das ich nicht so gut kann!

Denn ich stell mich hierhin
und ich hab Texte dabei.
Und die sind schön, ich versprech's,
ich hab mir Mühe gegeben!

Aber davor muss ich noch qualvolle Sekunden verleben.
Und da müssen wir jetzt alle durch ...
Weil ich noch was Charmantes sagen muss,
damit die Leute mich gleich mögen.

Damit sie mit mir reisen und nicht zögern,
mir zu folgen in meine Welt der Poesie.
Und dann steh ich hier, so viele Worte in mir,
so viele Texte im Kopf, die auf Knopfdruck sprudeln
und ich muss sie mit einer Einleitung besudeln:

Hallo, ich bin die Agnes ! Ähm ... Ich hab da einen
Text geschrieben und, ähm ... Ja, also ich hab euch für
den Anfang ein paar Füllwörter mitgebracht, die vor
Unsicherheit triefen:
Ähm und *ja* und *äh*, *tja* sind meine Favoriten.
Und eure so?

Es ist eigentlich ganz einfach,
es ist wirklich nicht so schwer.
Ich muss nur kurz was erklären,
das wär
dann schon alles und der Text, der geht so ...

Und dass er gleich beginnt,
darüber ist niemand so froh
wie ich,
weil meine wortakrobatische Freestyle-Dysfunktion
echt voll nervig is'!

Denn ich will dir was sagen
und das is' eigentlich nicht so schwer.
Das könnt' vermutlich jedes Kind.
Vielleicht weil Kinder scheiß-ehrlich sind
und sich nicht so viel dabei denken.

Aber ich find die Einleitung nicht
und weiß nicht, wie mich verrenken,
als hätt' ich noch nie was gesagt,
was Sinn ergeben hätte!
Und dann beginn ich, zu schwafeln,
und fühl mich inkompetent.

Steh im Klo vorm Spiegel
und frag die Deppin da drin:
»Bist eigentlich ang'rennt?
Du bist Dompteurin der Worte;
Spuck's einfach aus!«
Mein Spiegelbild lacht und macht Reime daraus.

Über Julian.

Er heißt nicht Julian – aber sagen wir, er heißt Julian.

Ein wirklich verschlossener Mann,
der Masken trägt
und ähnlich inkompetente Beziehungsparadigmen pflegt
wie ich.

Und morgens Kaffeebecher verteilt im »Star Wars«-Design
und da packt er Kaffee mit Hafermilch rein.
Und das ist echt eklig!
Und Julian ist nicht echt.

Und wenn, wär das eklig!

Aber Julian!
Ich liebe dich!
Und ich weiß nicht, wo wir beide stehen,
und ich weiß nicht, was das soll
und wohin ich gehen soll,
wenn nicht in deine Richtung!

Und während wir hier liegen,
haben wir gedanklich dreimal
den Kilimandscharo bestiegen.
Ich hab dir alles erzählt
und will noch viel mehr mit dir teilen.
Aber ich bin halt nicht hier,
um richtig zu bleiben.

Und wie geht's eigentlich deiner Freundin?
Du hast sie mal erwähnt,
aber seitdem hast du mir nichts mehr erzählt.

Und du und ich könnten irgendwann
drei Kinder haben, zehn Jahre zusammenwohnen
und eine Hypothek abzahlen,
und was eigentlich läuft, wüssten wir immer noch nicht.

Deshalb lieb ich dich,
halt auf so eine komische Weise.
Und die trifft irgendwie den Puls uns'rer Zeit.
Und obwohl ich weiß, dass das alles Mist ist,
zu gehen bin ich halt noch nicht bereit.

Und wie geht's eigentlich deiner Freundin?
Du hast sie mal erwähnt,
aber seitdem hast du mir nichts mehr erzählt.
Du scheinst nicht glücklich zu sein.
Und willst das mal ändern
– später vielleicht, du bist mehr so fürs Schlendern.

Und ich bin im Krieg.
Denn diese Welt ist wie ein Tretminenfeld.
Und nur bei dir bin ich sicher.
Und das ist nicht so schön, wie's klingt!
Weil ich ja die meiste Zeit gar nicht in deiner Nähe bin.

Und deshalb tret ich auf Minen,
bin hier fast am Verrecken
und komm später zu dir,
um meine Wunden zu lecken.
Und du fängst mich auf.
Und das kann nicht immer so gehen.

Und wie geht's eigentlich deiner Freundin?
Oder, ich frag mal konkreter:

Wann, Julian, beginnt eigentlich später?

Hier liest dir Agnes persönlich den Text vor:
tinyurl.com/julian-am-vvv

#schrödingersbeziehung

»Lass uns ein Spiel spielen«,
klingt schon so
nach dem neusten Streifen *Saw*.

Eine Geschichte von zwei Clowns mit roten Wangen,
die sich unbeholfen lose,
unverbindlich und befangen
an den kleinen Fingern halten.
Ganz unverbindlich.

Ein Spiel spielen wie damals im Kindergarten-Sandkasten,
hinter zäunernen Grenzen
spielen wir heute in der Kiste der großen Menschen.
Dasselbe Spiel. Aber ohne den Zaun.
Ohne Grenzen und Regeln und ohne das Vertrauen
darauf, dass die Mama mich abholen kommt,
wenn ich heulend an der Front
der nächsten Wir-waren-mal-in-der-Kiste-Liebe
meinen Glauben an das Gute im Menschen verliere.

Deshalb lass uns nur spielen.

Deshalb sind wir zwei Menschen, die nichts sagen,
um nichts gesagt zu haben,
um in nichts zu geraten,
das die Freiheit gefährdet.

Wenn man uns fragt, dann zucken wir mit Schultern,
verschließen Münder und Herzen
und scherzen
über die Liebe,
als fiele sie in die gleiche Kategorie
wie Drachen und Einhörner
– Symbole der Mode,
man hat sie so oft gesehen,
man könnte fast meinen, es würde sie geben.

Deshalb lass uns nur spielen!
Liebe spielen, glücklich spielen.

Und du küsst meinen Hals immer so schön
unverbindlich leidenschaftlich.

Ich streich dir über die Beule in deinem Schritt,
halb platonisch
quasi.
Aus Versehen theoretisch.

Dann führt das eine ins andere und wieder hinaus …
Danach aktivier ich mein Phenethylamin-Ablassventil.

Sicher ist sicher.[4]

Und ich bin sowieso mehr der Kumpeltyp,
eine Frau, um die man sich nicht kümmern muss.
Die Frau, um die du dich nicht kümmerst,
weil du denkst, dass du nicht musst.

Weil es stets scheint, dass es reicht,
unverbindlich zu sein,
mir unbeholfen lose den kleinen Finger zu geben,
mich um drei Uhr früh auf den Esstisch zu heben ...
Weil du in der neuen Wohnung noch keine Stühle hast.

Und du bist sowieso mehr der Kumpeltyp.
Ein einfacher Mann mit wenig Sinn für das Schwingen
der Informationen, die zwischen den Zeilen anklingen.
In unserem Nachrichten-Hick-Hack-ich-darf-erst-wieder-
anrufen-wenn-du-vorher- angerufen-hast.

Und wenn da nichts klingt,
weil der Anruf nicht kommt,
auf den ich *eh nicht warte*,
weil auf etwas zu warten, dafür bin ich mir zu schade!,
dann nutz ich die freie Zeit
und mach eine Online-Suche nach
»Stechen in der Magengegend«.

---

4 Für alle, die über kein endokrinologisches Zusatzwissen verfügen:
Phenethylamin ist das umgangssprachliche Verliebtheitshormon und
ich finde, der Begriff Phenetylamin-Ablassventil fetzt auf sehr unro-
mantische Weise voll!

Und Dr. Google meint dazu,
ich hätt' noch so drei Tage zu leben,
also lass uns was machen in der Zeit,
die mir noch bleibt!

Aber einmal sag ich wahrscheinlich ab,
ich steh nicht immer bereit.
Dafür hab ich viel zu viel zu tun
und viel zu viel zu tragen ...
Morgen hätt' ich Zeit,
aber du bist dran mit Fragen.

Du bist am Zug,
aber vielleicht stehst du ja nicht mal am Feld.
Herzlich Willkommen zum dümmsten Spiel der Welt!
Zum Wett-Stillhalten,
weil Entscheidung der Todfeind ist,
zwischen schweigenden Gestalten,
für die alle Türen offen sind,
solang man nichts sagen muss.

Wir zwei sind Menschen, die nichts sagen,
um nichts gesagt zu haben,
um in nichts zu geraten, das die Freiheit gefährdet.

Wenn man uns fragt
nach irgendeiner Zukunft,
sind die Antworten, die wir geben,
erfundene Geschichten eines anderen Lebens,
das wir irgendwann führen werden,
irgendwann später.

Vielleicht mit einander oder irgendjemandem.
Das ist Beziehung aus Schrödingers Kiste,
die, solang
niemand die Kiste öffnet,
lebendig oder tot sein kann.

Quantenmechanisch formuliert
sind wir uns also gleichgültig
und/oder unsterblich verliebt.
Geil,
wie wir in uns'rer Kiste spielen!
Und ich trag mein Pokerface, um nicht zu verlieren.

Manchmal denk ich, »Lass uns ein Spiel spielen«,
klingt nicht umsonst nach diesem einen Horrorstreifen,
denn dort hat genau genommen
auch noch nie wer was gewonnen.

Hier liest dir Agnes persönlich den Text vor:
tinyurl.com/schroedingers-beziehung

#feuerundflamme

18.03.2018

Mein lieber, nicht näher definierter Sexualpraxispartner,

der Docht unserer Verbindung
kennt weder Feuer noch Funken,
nachts, in deine Augen versunken,
seh ich ...
nix.

Außer Augen! Deren Pupillenweiten
höchstens auf sexuelle Erregung hinweisen.
Und an Tagen, an denen das Kuscheln danach
meinen Bedarf
der nächsten Woche zu decken vermag,
reicht mir das.
Völlig.

Doch an anderen Tagen, zu anderen Zeiten,
wenn das Leben mir seine kalten Seiten
präsentiert,
fehlt mir
die Wärme einer brennenden Liebe.

Wie zum Beispiel beim Freund meiner Freundin,
der ihr Briefe aus der U-Haft schreibt,
dass es dir Tränen der Rührung in die Augen treibt.
Da kann man echt neidisch werden,
gleich beim ersten Satz:
»Baby, ich liebe dich, 4-eva!«

Der macht wirklich alles richtig!
Weil man sieht, hier wird zum Beispiel auch
Gleichberechtigung großgeschrieben.
Er will sie nicht nur für Arsch und Friedrich,
sondern auch für Eva lieben!
Das zeugt von Einfühlungsvermögen und Respekt.

Weiter im Text heißt es dann:
»Baby, und unsere Liebe ist stark, since 20. Jänner 2018.«
Eins scheint gewiss:
Diese Beziehung hat Zukunft.
Weil Vergangenheit hat sie schon mal nicht.

Aber wichtig ist die Zukunft
und das Feuer, das hier brennt,
dass es die Gitterstäbe schmelzen muss,
die die Liebenden trennt!

Und mit so wenigen Worten ist alles gesagt,
die Jaqui hat sich danach jedenfalls
sicher nicht gefragt,
ob das mit ihnen überhaupt Zukunft hat
und was das eigentlich ist
und wie lang das noch so gehen wird
und was der Kevin sich denkt,
wenn sie zusammen sind.

Deshalb,
mein lieber nicht näher definierter Sexualpraxispartner:
Ich weiß nicht,
wie du dir deine Zukunft vorgestellt hast,
aber ich meine, so ein, zwei Wochen U-Haft
für ein kleines Verbrechen,
könnten vielleicht ja auch unserer Beziehung
auf die Sprünge helfen.
Was meinst du?

Zurzeit noch platonisch liebevoll,
deine nicht näher definierte Sexualpraxispartnerin

Danksagung

Ich möchte ein paar Namen nennen. Namen, die Menschen tragen, die mich getragen haben.

Der erste und wichtigste: Selina.

Danke allerliebste Selini. Dafür, dass du meine Tochter bist und die beste, die ich mir hätte wünschen können. Danke für dein Kommen, dein Bleiben, deine Energie. Danke für die vielen inspirierenden Momente mit dir und die Wahrheit und Klugheit aus deinem Kindermund. Und danke für deine Geduld mit mir. Danke, dass du mir die Abende nicht übelnimmst, an denen ich für andere Kinder und ihre Mütter da bin anstatt für dich, an denen ich auf Bühnen stehe anstatt dich ins Bett zu bringen, und danke für unsere gemeinsame Zeit, die immer wieder so spannend und glücklich ist.

Danke für deine Selbstständigkeit und deine Güte, deine wachsamen großen Augen, die mich weise mustern, und danke, dass du mein unstetes Leben mitlebst. Dass du einfach dabei bist – im Publikum (manchmal schlafend, wenn es spät wird), auf der Bühne (weil du schon jetzt genauso eine kleine Rampensau bist wie ich), im Auto, im

Zug, im Bus und auf Tour durch die Welt. Danke, dass du meine Welt bist. Die besten Dinge im Leben kommen unverhofft. Und du bist das Beste von allen. Und schließlich bist du auch ein wichtiger Grund für meine Arbeit. Denn sie ist mein bescheidener Beitrag zu einer Welt, in der ich meine Tochter – dich – großziehen möchte.

Danke Mama und Papa, Ursula und Günter, dafür dass ihr mir gezeigt habt, was gute Eltern ausmacht. Danke, dass ihr für mich da seid und für alles, was ihr tut. Ohne euch wäre nichts, was ich tue, möglich.

Danken möchte ich auch meiner Oma Isolde, meiner konstantesten und treusten One-Woman-Fangemeinde im Publikum. Danke für die Ermutigungen, die Unterstützung und dafür, dass du mein Rettungsanker bist.

Danke Julia, Philipp, Babs, Lisa, Johanna und Gerd für eure Freundschaft. Und danke Gerd für die Ermutigung, überhaupt erst anzufangen, und für unsere Gespräche, die mir so viel Kraft geben.

Danke an eine Community, die sich so liebevoll Slamily nennt. Danke für die Aufnahme in eurer Mitte, eure Wertschätzung, Unterstützung und dass ihr an mich geglaubt habt. Ganz besonders: Mieze und Markus, Mario, Anna-Lena, Klaus, Flo, Yannick, Fanny, Henrik, Jonas und Chris (für die Tonaufnahmen ein besonderes Danke!). Ihr seid mir so wunderbare Wegbegleiter und Bühnen mit euch zu teilen, wird mir immer eine Ehre sein!

Danke an Denise und den Verlag Lektora und an Lena für die künstlerische Gestaltung.

Und dann – und weil man das sowieso zu selten macht – will ich auch noch mir selbst danken. Dafür, mein Leben in Angriff genommen zu haben. Nicht weggelaufen zu sein vor Herausforderungen, riesigen Hürden, Verantwortung, schiefen Blicken und der Angst, öffentlich für die eigenen Überzeugungen einzutreten. Im Scheinwerferlicht zu stehen, wo einem das Urteil der restlichen Welt um die Ohren fliegt, ist nicht immer leicht. Danke, dass ich mich getraut habe, denn jetzt darf ich stolz sein, was daraus geworden ist.

Henrik Szanto

Es hat 18 Buchstaben und 9 davon sind Ypsilons

Henrik Szanto lebt nicht nur in Wien, sondern auch im Spannungsfeld der Vielfalt und Mehrsprachigkeit. Zwölf Texte zu Finnland, zu Ungarn – zwischen Lyrik und Prosa, Humor und Sehnsucht. Ob am finischen Seeufer, umgeben von Redewendungen, im Lateinunterricht, beim Abendessen mit dem Vater oder Brustschwimmen, ob in den Mauern eines alten Hauses in Budapest oder inmitten des Torjubels – hier leben Sprache und die Freude daran.

»Seine Worte machen schmunzeln, nachdenken, weinen und lachen. Und irgendwie wohlig um Herz.«
(Agnes Maier)

»Ein Buch, das ent- und verführt, in fremde Welten und Vergangenheiten, ins Futur II und zu uns selbst. Lest, ihr Menschen! Auf dass es euch an der Hand nimmt und ihr morgen weniger wenig wisst als heute.«
(Lisa Christ)

»Henrik Szantos Texte sind wie eine Umarmung von einem guten Freund: mit klarem Blick auf die Problemzonen und großer Lust, den Rest des Abends gemeinsam zu verbringen.«
(Mieze Medusa)

ISBN 978-3-95461-126-3
13,90 EUR

www.lektora-verlag.de/shop

Mieze Medusa & Markus Köhle (Hg.)

Slam, Oida!

Seit über 15 Jahren haben Mieze Medusa und Markus Köhle die Freude, Ehre und Arbeit, in Österreich die Poetry-Slam-Szene mitzugestalten. Wir waren also von Anfang an dabei, sind immer noch unterwegs und unfassbar glücklich darüber, wie groß, vielfältig und funkelnd die Szene unseres Landes ist.

In diesem Buch haben wir 42 Slamtexte ausgewählt, die einen bunten Querschnitt bieten. So schreiben wir: vom Wiener Schmäh, vom Leben am Land, von der Härte der Berge und Täler, von den Abenteuern einer Winkerkrabbe, von der Liebe, von Bobo-Verhipsterung und von Fragen, die uns gestellt werden: Wo kommst du her? Wer befreit unterdrückte Rufnummern? Wo siehst du dich in fünf Jahren?

Auch im Buch: Jede Menge Slamwissen. Hier werden wichtige Fragen beantwortet: Ab wann gehöre ich dazu? Ist der Wettbewerb nicht ein bisschen unfair? Kannst du mir 10 Tipps für meinen gelungenen Auftritt geben? Ja, darf man das? Ja, das darf man.

Mit Texten von:

378, Adina Wilcke, Agnes Maier, Anna-Lena Obermoser, Benji, Christine Teichmann, Clara Felis, Darling, Elias Hirschl, Florian Supé, Helene Ziegler, Henrik Szanto, Jonas Scheiner, Käthl, Klaus Lederwasch, Ksafa, Fisch, Mario Tomic, Markus Köhle, Mieze Medusa, Mriri, Sevi, Simon Tomaz, Stefan Abermann, Tom aus Graz, Ulli Hammer, Yannick Steinkellner und Yasmin Hafedh

ISBN 978-3-95461-098-3
13,90 EUR

www.lektora-verlag.de/shop

Leticia Wahl

Was dazwischen bleibt

»Wenn die Liebe flöten geht, setz' ich mich ans Klavier!«
Das Leben ist manchmal so witzig, dass es auf eine absurde Art und Weise traurig sein kann, und wiederum ist es manchmal so traurig, dass es auf eine absurde Art und Weise witzig ist.
Leticia Wahl befindet sich irgendwo dazwischen. Sie hat einen Kopf voller Pusteblumen. Als Reise- und Bühnenpoetin kreiert sie Räume und Sphären aus Worten, gleich einem lyrischen Feuerwerk. In ihren Texten geht es immer um alles und um nichts! Und von allem dazwischen um ein kleines bisschen.

»Kann man lesen. Muss man lesen und muss man gelesen haben. Und du so?«
(Wolf Hogekamp)

»Leticia kennt alle Arten und Orte der Schmerzen. Sie sammelt in ihren Texten blaue Flecken, wie tolpatschige Menschen an ihren Beinen, wenn sie gegen Betten und Kommoden laufen. Und dann steht sie da mit diesen ganzen offenen Wunden- die andere hinterlassen haben, die sie hinterlassen hat- und zeigt, wie sie manchmal trotzdem heilen. Und heilt sie manchmal trotzdem.«
(Tanasgol Sabbagh)

ISBN 978-3-95461-124-9
13,90 EUR

www.lektora-verlag.de/shop